Vivre avec l'IA

Comment l'intégrer dans votre vie de
tous les jours

Table des matières

I. Introduction à l'IA

1. Définition de l'IA

La première chose à comprendre avant d'entrer dans les détails de l'IA est ce qu'elle est exactement. Vous avez probablement entendu parler de l'IA en tant que buzzword cool, mais que signifie-t-elle réellement ?

Eh bien, en termes simples, l'IA est l'art de faire en sorte que des machines puissent imiter les capacités cognitives de l'être humain, telles que la compréhension de la parole, la reconnaissance d'images et la prise de décision. C'est une combinaison de différentes disciplines de la science des données, de l'apprentissage automatique et de l'intelligence artificielle.

Mais ne vous laissez pas berner par la jargon scientifique - l'IA peut être plus facile à comprendre en examinant les exemples concrets dans notre vie quotidienne. Pensez à Siri sur votre téléphone, à Netflix recommandant votre prochaine série préférée ou à Amazon sélectionnant les produits qui pourraient vous intéresser. Tous ces exemples utilisent des algorithmes d'IA pour vous aider dans votre vie quotidienne.

2. Histoire de l'IA

Vous vous demandez peut-être comment l'IA est devenue ce qu'elle est aujourd'hui et comment elle a commencé à faire partie de notre vie quotidienne. C'est une histoire fascinante qui remonte à plusieurs décennies et qui est marquée par des avancées technologiques, des défis et des moments clés qui ont façonné l'avenir de l'IA.

Tout a commencé dans les années 50, lorsque les pionniers de l'IA, tels que John McCarthy, ont commencé à explorer les possibilités de faire en sorte que les machines puissent se comporter comme des êtres humains. À l'époque, les ordinateurs étaient de grandes machines encombrantes et coûteuses, mais ces pionniers ont vu le potentiel de les utiliser pour faire avancer la recherche en IA.

Au fil des ans, les avancées technologiques ont permis de faire de l'IA une réalité concrète dans notre vie quotidienne. Les algorithmes d'apprentissage automatique sont devenus plus sophistiqués et les ordinateurs sont devenus plus puissants et plus accessibles, ce qui a permis de développer des applications d'IA de plus en plus avancées.

Aujourd'hui, l'IA est omniprésente dans notre vie quotidienne, que ce soit pour nous aider à trouver des informations, à nous conseiller sur les produits à acheter ou même à nous parler dans les enceintes intelligentes. Et c'est seulement le début - les développeurs travaillent sans relâche pour découvrir de nouvelles façons d'utiliser l'IA pour améliorer notre vie.

En résumé, l'histoire de l'IA est une aventure passionnante qui est loin d'être terminée. Dans les chapitres suivants, nous plongerons plus en détail dans les différentes façons dont l'IA peut vous aider dans votre vie quotidienne.

3. Les différents types d'IA

Les différents types d'IA : découvrir le monde incroyable des intelligences artificielles

Lorsque l'on parle d'IA, il est souvent difficile de savoir de quoi l'on parle exactement. Les médias sont pleins d'images futuristes de robots humanoïdes et d'ordinateurs autonomes qui règlent nos vies, mais la réalité est bien plus complexe. Il existe en effet plusieurs types d'IA, chacun avec ses propres caractéristiques et applications.

Commençons par l'IA déductive. Cette forme d'IA est basée sur des règles et des algorithmes préétablis, permettant à l'ordinateur de prendre des décisions en fonction de données connues. C'est ce que l'on appelle souvent l'IA "faible", car elle n'a pas la capacité d'apprendre ou de se développer de manière autonome. Elle est toutefois largement utilisée dans les applications commerciales pour gérer les tâches complexes, telles que la reconnaissance de la parole et la traduction automatique.

L'IA déductive est souvent associée à l'IA inductive. Celle-ci repose sur l'apprentissage automatique, permettant à l'ordinateur d'identifier des modèles dans les données et de les utiliser pour prendre des décisions en fonction de données inconnues. Cette forme d'IA est souvent considérée comme l'IA "forte", car elle peut s'adapter et évoluer avec le temps. Elle est largement utilisée dans les applications de reconnaissance d'image et de reconnaissance de la voix, ainsi que dans les systèmes de recommandation en ligne.

Enfin, nous avons l'IA supervisée et l'IA non supervisée. L'IA supervisée est une forme d'apprentissage automatique qui utilise des données annotées pour former l'ordinateur à faire des prédictions. Dans ce cas, l'ordinateur est "supervisé" par des données qui lui permettent de comprendre les modèles dans les données. L'IA non supervisée, quant à elle, est une forme d'apprentissage automatique qui utilise des données non annotées pour trouver des modèles dans les données.

4. Les applications de l'IA dans la vie quotidienne

Vous vous demandez probablement comment l'IA peut améliorer votre vie quotidienne, et je suis heureux de vous dire que les applications de l'IA sont plus nombreuses que vous ne le pensez ! En fait, vous utilisez probablement déjà l'IA sans même le savoir.

Prenons le cas des assistants virtuels, tels que Siri et Alexa. Ils utilisent l'IA pour comprendre votre voix et effectuer des tâches pour vous, telles que programmer une alarme ou jouer de la musique. Vous pouvez également utiliser l'IA pour améliorer votre routine de conditionnement physique en utilisant une application qui peut suivre votre progression et vous recommander des entraînements en fonction de vos objectifs.

L'IA peut également améliorer votre expérience de shopping en ligne en vous recommandant des produits en fonction de vos préférences et de vos achats antérieurs. De plus, les entreprises peuvent utiliser l'IA pour améliorer leur service client en fournissant une assistance en temps réel via des chatbots.

Ce n'est là qu'une petite sélection des nombreuses manières dont l'IA peut améliorer votre vie quotidienne. Dans les chapitres à venir, nous explorerons en détail ces applications de l'IA et bien d'autres, et je suis sûr que vous découvrirez de nouvelles façons de tirer parti de cette technologie incroyable !

Alors, soyez prêt à découvrir comment l'IA peut changer votre vie pour le mieux.

II. L'IA et la maison

1. Applications de l'IA pour la domotique

Dans ce chapitre, nous allons explorer les différentes manières dont l'IA peut améliorer notre vie à la maison. En particulier, nous allons nous concentrer sur les applications de l'IA pour la domotique.

La domotique, ou la technologie de la maison intelligente, consiste à connecter les différents appareils de votre maison à un système central pour un contrôle plus facile et plus efficace. L'IA peut jouer un rôle clé dans cette connectivité en offrant des fonctionnalités supplémentaires telles que l'apprentissage automatique et la reconnaissance vocale.

Prenez, par exemple, les thermostats intelligents qui utilisent l'IA pour apprendre vos habitudes de température préférées et les adapter en conséquence. Vous pouvez également utiliser la reconnaissance vocale pour contrôler votre température à la maison, sans même avoir à toucher un bouton.

L'IA peut également être utilisée pour améliorer l'efficacité énergétique de votre maison en optimisant les réglages de vos appareils en fonction de vos habitudes et des conditions météorologiques. Cela peut vous aider à économiser de l'argent sur vos factures d'électricité.

En outre, les caméras de sécurité intelligentes peuvent utiliser l'IA pour détecter les mouvements et les sons anormaux dans votre maison. Cela vous permet de surveiller votre maison à distance et de recevoir des notifications en cas d'alerte.

2. Assistant virtuel pour la maison

Imaginez ne plus avoir à vous inquiéter de savoir si vous avez éteint la lumière ou verrouillé la porte avant de partir pour le travail. Et si je vous disais que vous pouvez également contrôler la température de votre maison, lancer la musique que vous aimez et commander votre dîner en ligne tout en étant à l'autre bout du monde ? C'est là que les assistants virtuels pour la maison entrent en jeu.

Un assistant virtuel pour la maison est un dispositif qui utilise l'IA pour vous permettre de contrôler tous les aspects de votre maison à partir d'une seule interface. Vous pouvez parler à votre assistant virtuel pour lui demander de changer la température, de verrouiller les portes, d'allumer les lumières ou même de vous rappeler de prendre votre médicament. Les assistants virtuels pour la maison sont conçus pour vous rendre la vie plus facile et plus confortable.

Il existe plusieurs types d'assistants virtuels pour la maison sur le marché aujourd'hui, chacun avec ses propres fonctionnalités et compatibilités. Certaines marques sont spécialement conçues pour fonctionner avec d'autres appareils de la maison, tels que les thermostats intelligents et les systèmes d'éclairage. D'autres peuvent être utilisées pour commander des repas en ligne, réserver des services de transport ou même pour suivre vos habitudes de sommeil.

Alors, comment choisir l'assistant virtuel pour la maison qui convient à vos besoins ? Il est important de considérer vos habitudes de vie, vos préférences en matière de fonctionnalités et votre budget. Certaines marques sont plus chères que d'autres, mais offrent une qualité sonore supérieure ou une interface plus intuitive.

En fin de compte, peu importe le type d'assistant virtuel pour la maison que vous choisissez, il vous permettra de vivre une vie plus connectée, plus intelligente et plus pratique. Il n'y a rien de plus gratifiant que de rentrer chez soi après une longue journée de travail et de trouver votre maison confortable et prête à vous accueillir. Alors pourquoi ne pas commencer à explorer les options aujourd'hui ?

3. Utilisation de l'IA pour la sécurité de la maison

Nous vivons dans un monde où la sécurité de notre domicile est de plus en plus préoccupante. Que ce soit en raison de la criminalité, des incendies ou des inondations, il est important de protéger ce qui compte le plus pour nous : notre famille et nos biens. C'est là qu'entre en jeu l'IA.

Les systèmes de sécurité basés sur l'IA sont conçus pour surveiller votre domicile 24 heures sur 24, 7 jours sur 7, en utilisant des caméras de surveillance et des détecteurs de mouvements pour surveiller les entrées et les zones sensibles de votre maison. En cas d'alerte, vous serez immédiatement informé sur votre smartphone, vous permettant ainsi de prendre les mesures nécessaires pour protéger votre maison et votre famille.

De plus, certains systèmes de sécurité basés sur l'IA peuvent également être programmés pour détecter les incendies et les fuites d'eau, vous informant également en temps réel de tout danger potentiel.

Il est également possible d'intégrer des serrures intelligentes dans votre système de sécurité basé sur l'IA, vous permettant de verrouiller ou déverrouiller votre porte à distance avec votre smartphone, et de savoir qui est entré chez vous en tout temps.

En utilisant l'IA pour la sécurité de votre maison, vous pouvez vous sentir en sécurité en tout temps, peu importe où vous êtes dans le monde. Alors, pourquoi ne pas donner à votre foyer la sécurité supplémentaire qu'il mérite avec l'IA ?

En conclusion, la technologie de l'IA est en train de révolutionner la manière dont nous protégeons nos foyers. Avec des systèmes de sécurité plus intelligents et plus accessibles que jamais, il est temps de se tourner vers l'IA pour améliorer la sécurité de notre maison.

4. Comment intégrer l'IA dans votre vie à la maison

Vous vous demandez peut-être comment mettre en place l'IA dans votre propre maison pour en profiter pleinement. C'est une excellente question, et la bonne nouvelle est qu'il n'y a jamais été aussi facile d'intégrer l'IA chez soi.

Tout d'abord, il est important de déterminer vos besoins et vos attentes en matière de technologie. Pour les gens qui cherchent un assistant virtuel pour contrôler les lumières et la température, il existe des solutions simples et abordables. Les commandes vocales telles que Amazon Alexa et Google Home sont de bons choix pour ceux qui cherchent à utiliser la voix pour contrôler les appareils électroniques.

Si vous souhaitez que votre maison soit plus sécurisée, il existe également de nombreuses options pour intégrer l'IA. Les caméras de sécurité intelligentes sont dotées de technologies de reconnaissance faciale et peuvent vous alerter en cas de mouvements suspects. Les systèmes de détection d'incendie et de monoxyde de carbone peuvent également être connectés à votre système de contrôle à distance pour vous permettre de surveiller votre maison depuis n'importe où.

Il est également possible d'intégrer l'IA dans votre cuisine pour améliorer votre routine quotidienne. Les appareils de cuisine connectés peuvent vous aider à préparer des repas plus rapidement et plus facilement. Les réfrigérateurs intelligents peuvent vous aider à gérer votre liste de courses et à maintenir un stock alimentaire en santé.

L'intégration de l'IA dans votre vie quotidienne n'a jamais été aussi simple. Il vous suffit de déterminer vos besoins, d'effectuer des recherches sur les différentes options disponibles, puis de vous lancer. Avec l'IA, vous pouvez transformez votre maison en un environnement plus intelligent, plus sécurisé et plus pratique pour vous et votre famille.

III. L'IA et la santé

1. Applications de l'IA pour la santé

L'IA peut avoir un impact profond sur notre santé, en offrant de nouvelles opportunités pour diagnostiquer, traiter et prévenir les maladies. Dans ce chapitre III sur "L'IA et la santé", nous explorons les différentes applications de l'IA dans ce domaine en constante évolution.

L'IA peut être utilisée pour diagnostiquer des maladies en utilisant des algorithmes de reconnaissance de l'image pour détecter des anomalies sur des images médicales telles que des radiographies ou des scanners. Par exemple, des études ont montré que l'IA peut détecter avec précision des anomalies mammaires sur des images de mammographie, avec des taux de détection supérieurs à ceux des radiologues humains.

L'IA peut également être utilisée pour traiter les maladies en fournissant des informations personnalisées sur les meilleurs traitements pour chaque patient. Les algorithmes d'IA peuvent analyser les données de santé de chaque patient, telles que les antécédents médicaux, les résultats de laboratoire et les images médicales, pour déterminer le meilleur plan de traitement pour chaque individu.

L'IA peut enfin être utilisée pour prévenir les maladies en détectant les risques potentiels avant qu'ils ne deviennent graves. Par exemple, des algorithmes d'IA peuvent être utilisés pour détecter les maladies cardiaques en analysant les données telles que la pression artérielle, le taux de cholestérol et les antécédents familiaux.

En conclusion, l'IA peut avoir un impact significatif sur notre santé en nous offrant de nouvelles opportunités pour diagnostiquer, traiter et prévenir les maladies. Cependant, il est important de noter que l'IA doit être utilisée en collaboration avec les professionnels de la santé pour garantir que les décisions médicales sont prises en toute sécurité et de manière éthique.

2. Comment utiliser l'IA pour suivre votre santé

Dans cette partie, nous aborderons maintenant l'utilisation de l'IA pour suivre notre santé. Les progrès de l'IA dans ce domaine peuvent nous aider à surveiller notre bien-être de manière plus efficace et plus précise que jamais auparavant.

Il existe aujourd'hui de nombreuses applications et dispositifs qui utilisent l'IA pour surveiller notre santé. Les bracelets connectés et les montres intelligentes, par exemple, peuvent mesurer notre rythme cardiaque, nos pas, et même notre sommeil. Ces données peuvent ensuite être utilisées pour évaluer notre forme physique et nous fournir des conseils sur la manière d'améliorer notre santé.

L'IA peut également être utilisée pour surveiller certaines conditions de santé telles que la pression artérielle et le taux de glucose dans le sang. Certaines applications peuvent même analyser les résultats de tests médicaux pour déterminer si nous avons besoin de consulter un médecin ou de suivre un traitement particulier.

En plus de surveiller notre santé, l'IA peut également nous aider à adopter de meilleures habitudes alimentaires. Certaines applications peuvent suivre notre consommation alimentaire en utilisant la reconnaissance de la nourriture pour identifier ce que nous mangeons. Elles peuvent également nous suggérer des menus sains et équilibrés en fonction de nos besoins en nutriments et de nos objectifs de santé.

Enfin, l'IA peut également être utilisée pour nous aider à gérer le stress et à améliorer notre bien-être mental. Certaines applications peuvent nous guider à travers des exercices de respiration ou des méditations pour nous aider à nous détendre, tandis que d'autres peuvent utiliser l'analyse de la voix pour mesurer notre niveau de stress.

3. Comment l'IA peut aider à améliorer votre bien-être

Vous voulez améliorer votre bien-être mais vous ne savez pas par où commencer ? N'ayez crainte, l'IA peut vous aider !

L'IA peut aider à améliorer votre bien-être de plusieurs manières. Tout d'abord, elle peut vous aider à mieux comprendre votre corps et votre esprit. Par exemple, elle peut utiliser des capteurs pour mesurer votre rythme cardiaque, votre niveau de stress et votre qualité de sommeil, puis vous fournir des données utiles pour améliorer votre santé globale.

L'IA peut également vous aider à mieux gérer votre stress. Il existe des applications basées sur l'IA qui peuvent vous guider dans des séances de méditation, de respiration profonde ou d'exercices de visualisation pour aider à calmer votre esprit et à améliorer votre bien-être émotionnel.

En outre, l'IA peut vous aider à équilibrer votre alimentation et à atteindre vos objectifs de santé. Par exemple, il existe des applications de suivi de régime basées sur l'IA qui peuvent vous aider à tenir un journal alimentaire, à planifier vos repas et à vous recommander des options saines en fonction de vos objectifs de santé et de vos préférences alimentaires.

Enfin, l'IA peut vous aider à vous entraîner de manière plus efficace. Il existe des entraîneurs virtuels basés sur l'IA qui peuvent vous guider à travers des séances d'entraînement personnalisées, en fonction de vos objectifs de santé, de votre condition physique et de votre horaire.

L'IA peut jouer un rôle important dans l'amélioration de votre bien-être en vous fournissant les informations, les outils et les conseils dont vous avez besoin pour vous sentir mieux et vivre plus sainement. Alors, pourquoi ne pas lui donner une chance ?

4. Les avantages et les inconvénients de l'utilisation de l'IA pour la santé

Dans cette partie, nous allons explorer les avantages et les inconvénients de l'utilisation de l'IA pour la santé. C'est un sujet complexe qui mérite une analyse approfondie, car les décisions que nous prenons en matière de santé peuvent avoir un impact considérable sur notre vie quotidienne.

Les avantages de l'utilisation de l'IA pour la santé sont nombreux. Tout d'abord, l'IA peut aider les médecins à diagnostiquer les maladies plus rapidement et plus précisément. Elle peut également les aider à mieux comprendre les différentes conditions médicales et à développer de nouvelles stratégies de traitement. De plus, l'IA peut aider les patients à suivre leur santé de manière plus efficace, en leur fournissant des informations sur leur état de santé et en les encourageant à adopter de meilleures habitudes de vie.

Cependant, il y a aussi des inconvénients à l'utilisation de l'IA pour la santé. Tout d'abord, il existe un risque de mauvaises interprétations des données médicales, ce qui peut entraîner des diagnostics erronés. De plus, l'IA peut parfois être utilisée pour justifier des décisions médicales qui ne sont pas en ligne avec les meilleures pratiques médicales. Enfin, l'IA peut également être utilisée pour remplacer les médecins et les professionnels de la santé, ce qui peut entraîner une perte d'expertise humaine dans le domaine de la santé.

En conclusion, l'utilisation de l'IA pour la santé est un sujet complexe qui nécessite une analyse approfondie des avantages et des inconvénients potentiels. Il est important de prendre en compte tous les facteurs impliqués avant de prendre une décision en matière de santé, et de s'assurer que l'IA est utilisée de manière responsable et éthique pour le bien-être de tous.

IV. L'IA et les finances

1. Applications de l'IA pour les finances personnelles

Dans ce chapitre sur "L'IA et les finances", nous allons examiner comment l'intelligence artificielle peut être utilisée pour gérer les finances personnelles. Les applications de l'IA dans ce domaine sont nombreuses et variées, et peuvent inclure des outils pour surveiller les dépenses, planifier les finances et suivre les investissements.

Tout d'abord, l'IA peut vous aider à surveiller vos dépenses en temps réel. Certaines applications utilisent des algorithmes pour analyser vos transactions bancaires et identifier les dépenses récurrentes ou excessives. De plus, certaines applications peuvent même classer les dépenses selon leur catégorie, vous permettant de mieux comprendre où vous dépensez votre argent.

Ensuite, l'IA peut également vous aider à planifier vos finances à long terme. Des applications telles que les robots-conseillers utilisent des algorithmes pour évaluer vos objectifs financiers, votre profil de risque et votre situation actuelle pour recommander des investissements en conséquence. De plus, ces applications peuvent également vous aider à élaborer un budget et à économiser de l'argent en temps opportun.

Enfin, l'IA peut vous aider à suivre vos investissements en temps réel. Des applications telles que les portefeuilles virtuels utilisent des algorithmes pour surveiller les performances de vos investissements et vous informer des opportunités d'achat et de vente. De plus, ces applications peuvent également vous aider à diversifier votre portefeuille en fonction de vos objectifs financiers et de votre profil de risque.

En conclusion, l'IA peut être un outil précieux pour les finances personnelles, en vous aidant à surveiller les dépenses, planifier les finances à long terme et suivre les investissements en temps réel. Il est important de noter cependant que ces applications ne remplaceront jamais complètement l'avis d'un expert en finances, mais peuvent être un excellent complément pour vous aider à atteindre vos objectifs financiers.

2. Comment utiliser l'IA pour gérer votre budget

Vous voulez avoir une vue complète de vos finances personnelles sans passer des heures à faire des calculs fastidieux et à suivre vos dépenses ? L'IA peut vous aider !

En utilisant des technologies telles que les applications de budgétisation et les outils de suivi de dépenses, l'IA peut automatiser la plupart des tâches fastidieuses liées à la gestion de votre budget. Vous pouvez connecter vos comptes bancaires et cartes de crédit à ces outils pour avoir une vue en temps réel de vos dépenses. Ils peuvent également classer vos dépenses en catégories pour vous aider à mieux comprendre où va votre argent.

En utilisant l'IA pour gérer votre budget, vous pouvez économiser du temps et de l'effort, et avoir une vue complète de vos finances en un coup d'œil. Certaines applications peuvent même vous prodiguer des conseils personnalisés pour économiser de l'argent en fonction de vos habitudes de dépense.

Cependant, il est important de noter que l'utilisation de l'IA pour gérer vos finances nécessite de partager vos informations financières avec une entreprise tierce. Il est donc important de bien comprendre les politiques de confidentialité et de sécurité des données de l'application que vous utilisez. Assurez-vous également de lire les conditions générales pour vous assurer que vous comprenez les frais éventuels et les limites de l'application.

En utilisant l'IA pour gérer votre budget, vous pouvez gagner du temps, avoir une vue complète de vos finances en un coup d'œil, et même économiser de l'argent. Mais assurez-vous de bien comprendre les politiques de confidentialité et de sécurité des données avant de partager vos informations financières.

3. Comment l'IA peut vous aider à faire des investissements

Il est temps d'aborder la question de l'investissement, car nous savons tous que c'est une étape importante pour notre sécurité financière à long terme. Heureusement, l'IA peut nous aider à faire des choix judicieux pour gérer notre portefeuille.

L'IA peut analyser les données financières à une vitesse et une précision incroyable, ce qui signifie qu'elle peut vous aider à identifier les opportunités d'investissement rentables. De plus, elle peut également surveiller vos investissements en temps réel et vous donner des conseils pour les gérer de manière efficace.

Il existe également des plateformes d'investissement en ligne qui utilisent l'IA pour vous offrir des portefeuilles diversifiés adaptés à vos objectifs financiers et à votre profil d'investisseur. Vous pouvez définir votre tolérance au risque et vos objectifs d'investissement, et la plateforme fera le reste en utilisant des algorithmes avancés pour optimiser votre portefeuille.

Il est important de noter que l'IA n'est qu'un outil et qu'il est toujours préférable de faire vos propres recherches avant de prendre des décisions d'investissement importantes. Il est également important de comprendre les risques associés à tout investissement et de travailler avec un conseiller financier qualifié si vous avez des doutes.

L'IA peut être un excellent atout pour vous aider à faire des investissements judicieux et à atteindre vos objectifs financiers. Alors, pourquoi ne pas explorer les possibilités aujourd'hui ?

4. Les avantages et les inconvénients de l'utilisation de l'IA pour les finances

Dans ce chapitre, nous allons explorer les avantages et les inconvénients de l'utilisation de l'IA pour les finances personnelles. Bien que l'IA puisse offrir une aide précieuse pour gérer votre budget, faire des investissements et améliorer votre situation financière, il est important de comprendre les risques potentiels liés à son utilisation.

Les avantages de l'utilisation de l'IA pour les finances personnelles sont nombreux. Tout d'abord, l'IA peut vous aider à gérer votre budget de manière plus efficace. Elle peut vous suggérer des moyens de réduire vos dépenses et vous aider à maximiser vos économies. De plus, elle peut utiliser des algorithmes pour anticiper vos dépenses futures et vous suggérer des stratégies pour les gérer de manière plus efficace.

En outre, l'IA peut vous aider à faire des investissements plus judicieux. Elle peut analyser les tendances du marché, les performances historiques des entreprises et les prévisions financières pour vous aider à prendre des décisions d'investissement éclairées. De plus, elle peut surveiller vos investissements en temps réel et vous informer des opportunités ou des risques potentiels.

Cependant, il est important de comprendre que l'IA n'est pas infaillible. Comme avec toutes les technologies, il existe des risques liés à son utilisation pour les finances personnelles. Par exemple, il peut y avoir des erreurs dans les données utilisées pour alimenter les algorithmes de l'IA, ce qui peut entraîner des décisions d'investissement erronées. De plus, l'IA peut être victime de la manipulation ou de la fraude, ce qui peut entraîner des pertes financières pour les utilisateurs.

L'utilisation de l'IA pour les finances personnelles présente à la fois des avantages et des inconvénients. C'est pourquoi il est important de comprendre les risques potentiels et de faire preuve de prudence lors de l'utilisation de cette technologie pour gérer vos finances. Comme dans toutes les décisions financières, il est important de faire preuve de bon sens et de prendre des décisions éclairées pour maximiser vos chances de succès.

V. L'IA et les loisirs

1. Applications de l'IA pour les loisirs

Dans ce chapitre, nous allons explorer les nombreuses façons dont l'IA peut améliorer notre temps libre et nos loisirs. Que vous soyez un amateur de musique, un passionné de cinéma ou un sportif invétéré, il existe une application ou un service d'IA conçu pour vous aider à tirer le meilleur parti de vos activités de loisirs.

Prenons, par exemple, la musique. Les algorithmes d'IA peuvent analyser votre historique de lecture et vos préférences pour vous suggérer de nouveaux artistes et chansons que vous pourriez aimer. De plus, grâce à la reconnaissance vocale, vous pouvez facilement demander à votre assistant vocal de jouer votre chanson préférée sans avoir à la chercher manuellement.

Les cinéphiles peuvent également tirer parti de l'IA en utilisant des applications de recommandation de films. Celles-ci utilisent des algorithmes pour vous suggérer des films en fonction de vos préférences et de votre historique de visionnage. De plus, les services de streaming tels que Netflix utilisent l'IA pour personnaliser les recommandations de séries et de films en fonction de vos goûts.

Les sportifs peuvent également bénéficier de l'IA en utilisant des applications de suivi de la condition physique. Celles-ci peuvent suivre votre activité physique, votre sommeil et vos habitudes alimentaires pour vous aider à atteindre vos objectifs de condition physique. De plus, certaines applications utilisent l'IA pour vous suggérer des entraînements personnalisés en fonction de vos objectifs et de votre niveau de condition physique.

En bref, l'IA peut améliorer nos loisirs en nous aidant à découvrir de nouvelles choses, en nous offrant des recommandations personnalisées et en nous aidant à atteindre nos objectifs. Alors pourquoi ne pas explorer les nombreuses applications d'IA pour les loisirs aujourd'hui et découvrir comment elles peuvent améliorer votre temps libre ?

2. Comment utiliser l'IA pour découvrir de nouveaux loisirs

Dans ce chapitre sur l'IA et les loisirs, nous allons explorer comment utiliser l'IA pour découvrir de nouveaux loisirs. Les technologies d'IA sont de plus en plus présentes dans notre vie quotidienne, et il n'est pas surprenant qu'elles puissent également nous aider à découvrir de nouveaux centres d'intérêt.

Si vous êtes à la recherche d'une nouvelle activité pour vous détendre ou pour occuper votre temps libre, il existe de nombreuses applications et sites Web qui utilisent l'IA pour vous suggérer des loisirs adaptés à vos intérêts et à vos préférences. Il suffit souvent de répondre à quelques questions sur vos centres d'intérêt, vos préférences en matière de temps libre et vos disponibilités pour que l'IA vous suggère des activités qui vous plairont.

L'IA peut également vous aider à découvrir des activités que vous n'aviez jamais considérées auparavant. Par exemple, si vous êtes un grand amateur de sport, un site Web peut vous suggérer des activités de plein air telles que la randonnée ou le vélo, en fonction de votre localisation et de la météo. De même, si vous aimez la musique, une application peut vous suggérer de nouveaux artistes et albums en fonction de vos écoutes précédentes.

En utilisant l'IA pour découvrir de nouveaux loisirs, vous pouvez vous ouvrir à de nouvelles expériences et découvrir de nouveaux centres d'intérêt qui vous apporteront de la joie et de la satisfaction.

3. Comment l'IA peut vous aider à développer vos centres d'intérêt

Lorsqu'il s'agit de développer nos centres d'intérêt, l'IA peut nous aider à découvrir de nouvelles activités, hobbies et passions. En utilisant des algorithmes de recommandation, des outils en ligne peuvent vous suggérer des activités basées sur vos centres d'intérêt existants. De plus, en utilisant des technologies telles que la reconnaissance de la voix et de l'image, l'IA peut vous aider à identifier des activités qui correspondent à vos préférences personnelles.

Prenons l'exemple de la musique. Si vous aimez écouter du rock, l'IA peut vous recommander des artistes et des albums similaires que vous pourriez apprécier. De même, si vous êtes intéressé par les activités en plein air, des applications peuvent vous suggérer des randonnées ou des activités de plein air en fonction de votre localisation et de vos préférences climatiques.

Il est également possible d'utiliser l'IA pour développer vos compétences dans un domaine en particulier. Par exemple, si vous êtes intéressé par la photo, des outils en ligne peuvent vous aider à améliorer votre technique en vous proposant des exercices et des conseils.

L'IA peut donc vous aider à découvrir de nouveaux centres d'intérêt et à développer vos compétences existantes. Il s'agit là d'une opportunité pour vous de découvrir de nouvelles passions et de vous épanouir dans votre temps libre. Comme toujours, cependant, il est important de faire preuve de discernement lors de l'utilisation de l'IA pour les loisirs, en veillant à ne pas passer tout votre temps libre à regarder un écran.

4. Les avantages et les inconvénients de l'utilisation de l'IA pour les loisirs

L'IA peut offrir de nombreux avantages pour les loisirs, mais elle comporte également des inconvénients. Dans ce chapitre, nous allons examiner les deux côtés de la médaille pour vous aider à déterminer si l'IA est la bonne solution pour vous.

Les avantages de l'IA pour les loisirs sont nombreux. Tout d'abord, elle peut vous aider à découvrir de nouveaux centres d'intérêt en utilisant ses algorithmes pour comprendre vos préférences et vous suggérer des activités en conséquence. De plus, elle peut vous aider à développer vos centres d'intérêt en vous offrant des conseils personnalisés et en vous montrant comment progresser dans des activités spécifiques.

L'IA peut également vous aider à planifier des activités de loisirs en utilisant des données en temps réel pour trouver les meilleures options disponibles. Elle peut également vous aider à économiser du temps et de l'argent en vous recommandant les meilleures offres disponibles pour les activités que vous aimez.

Cependant, il y a également des inconvénients à utiliser l'IA pour les loisirs. Tout d'abord, elle peut vous pousser à suivre un chemin tout tracé et ne pas vous encourager à explorer de nouvelles activités. De plus, elle peut ne pas comprendre complètement vos préférences et vous recommander des activités qui ne sont pas vraiment adaptées à vos goûts.

En fin de compte, l'utilisation de l'IA pour les loisirs dépend de vos propres préférences et de la manière dont vous souhaitez découvrir et développer vos centres d'intérêt. Si vous êtes à la recherche d'une solution rapide et pratique pour planifier des activités de loisirs, alors l'IA peut être un excellent choix. Cependant, si vous préférez explorer de nouvelles activités de manière plus organique, vous pourriez préférer explorer d'autres options.

VI. L'IA et les relations

1. Applications de l'IA pour les relations

Dans ce chapitre consacré à l'IA et les relations, nous allons aborder les différentes applications de l'IA dans ce domaine.

Les relations humaines sont complexes et peuvent souvent être difficiles à gérer. C'est là que l'IA peut nous aider à les améliorer. D'une part, elle peut nous aider à mieux comprendre nos besoins et nos attentes en matière de relations, en analysant nos données de communication et de comportement. D'autre part, elle peut nous aider à mieux nous connecter avec les autres, en utilisant des algorithmes pour nous suggérer des personnes avec lesquelles nous pourrions avoir des intérêts similaires ou des centres d'intérêt en commun.

L'IA peut également être utilisée pour améliorer les relations de couple, en utilisant des algorithmes pour mieux comprendre les dynamiques de la relation et en suggérant des activités ou des discussions qui pourraient améliorer la communication et renforcer les liens.

En outre, l'IA peut aider les entreprises à mieux comprendre et à améliorer leurs relations avec leurs clients, en analysant les données de leurs interactions avec eux et en utilisant des algorithmes pour prédire leur comportement futur et les aider à mieux répondre à leurs besoins.

L'IA peut nous aider à mieux comprendre et à améliorer nos relations, que ce soit dans notre vie personnelle ou professionnelle. Cependant, il est important de rester conscient des limites de l'IA et de toujours travailler en collaboration avec elle plutôt que de simplement lui faire confiance aveuglément. Avec les bons outils et la bonne attitude, l'IA peut être un allié précieux pour améliorer nos relations et renforcer nos liens avec les autres.

2. Comment utiliser l'IA pour renforcer vos relations

L'IA peut être un puissant outil pour renforcer nos relations personnelles. Cependant, comme avec toutes les applications de l'IA, il est important de comprendre comment l'utiliser correctement pour maximiser ses avantages et minimiser ses inconvénients.

L'un des premiers avantages de l'IA pour les relations est la capacité à automatiser certaines tâches fastidieuses, telles que la gestion de l'agenda et la planification de rendez-vous. Cela peut libérer du temps pour se concentrer sur des interactions plus significatives avec les amis et la famille.

L'IA peut également aider à maintenir la connectivité avec les gens que vous appréciez, en vous aidant à organiser des appels, des messages ou des e-mails de suivi réguliers. Il peut également aider à organiser des événements en ligne ou en personne, ainsi qu'à gérer les invites et les confirmations.

De plus, l'IA peut être utilisée pour recommander des activités à faire en couple, des idées de cadeaux pour les amis et la famille, ou des destinations de voyage en fonction des intérêts et des préférences de chacun. Cela peut aider à établir de nouvelles traditions et à renforcer les liens existants.

Enfin, l'IA peut également être utilisée pour aider à résoudre les conflits et à améliorer la communication dans les relations personnelles. Par exemple, en utilisant l'analyse de la langue naturelle pour déterminer les sentiments et les opinions des gens, l'IA peut aider à identifier les causes profondes de certains problèmes de communication et à proposer des solutions pour les surmonter.

Il est important de se rappeler que l'IA ne peut pas remplacer complètement les interactions humaines et que le succès des relations dépend en grande partie de la communication et de la compréhension mutuelle. Il est donc important de ne pas se reposer entièrement sur l'IA pour maintenir des relations saines et durables.

3. Comment l'IA peut aider à gérer les conflits dans les relations

Dans ce chapitre sur l'IA et les relations, nous allons explorer comment l'IA peut aider à gérer les conflits. Nous savons tous que les conflits font partie de la vie, que ce soit dans les relations personnelles ou professionnelles. Heureusement, l'IA peut jouer un rôle important en aidant à résoudre les problèmes et à renforcer les liens entre les personnes.

L'IA peut aider à identifier les causes profondes des conflits et à fournir des solutions concrètes pour les résoudre. Par exemple, certaines applications utilisent des algorithmes pour analyser les interactions entre les personnes et détecter les signes de tension. Elles peuvent alors suggérer des moyens de résoudre les problèmes, comme une communication plus ouverte ou des activités communes pour renforcer la relation.

L'IA peut également aider à renforcer les liens en suggérant des activités ou des sujets de conversation pour renforcer la connexion entre les personnes. Certaines applications peuvent même utiliser la reconnaissance vocale et faciale pour détecter les expressions émotionnelles et aider les personnes à mieux comprendre leurs sentiments mutuels.

Il est important de noter que l'IA ne peut pas remplacer la communication humaine. Cependant, elle peut être un outil précieux pour aider à résoudre les problèmes et à renforcer les liens entre les personnes.

En utilisant l'IA de manière judicieuse, nous pouvons améliorer nos relations et construire des ponts plus solides entre les personnes. Les conflits font partie de la vie, mais en travaillant ensemble avec l'IA, nous pouvons les surmonter et construire des relations plus fortes et plus significatives.

4. Les avantages et les inconvénients de l'utilisation de l'IA pour les relations

Dans ce chapitre, nous allons explorer les avantages et les inconvénients de l'utilisation de l'IA pour les relations. Comme dans tout ce que nous avons exploré jusqu'à présent, l'IA peut être un outil puissant pour améliorer nos vies, mais il est important de comprendre ses limites et de les considérer avant de décider de l'utiliser.

Les avantages de l'IA pour les relations sont nombreux. Par exemple, l'IA peut vous aider à mieux comprendre vos propres sentiments et à mieux comprendre ceux de vos proches. Elle peut également vous aider à identifier les forces et les faiblesses de vos relations, ce qui peut vous permettre de travailler sur les problèmes de manière plus efficace. De plus, l'IA peut vous aider à établir de nouvelles connexions en utilisant des algorithmes pour vous mettre en contact avec des personnes ayant des centres d'intérêt similaires.

Cependant, il y a aussi des inconvénients à prendre en compte. Par exemple, l'IA ne peut pas remplacer les relations humaines authentiques. De plus, il est important de se rappeler que les algorithmes utilisés pour établir des connexions peuvent être biaisés et ne pas toujours refléter la réalité des relations. Enfin, il est important de se rappeler que l'IA ne peut pas gérer les émotions complexes et les nuances de la vie humaine, ce qui peut entraîner des erreurs et des malentendus importants.

En fin de compte, l'utilisation de l'IA pour les relations est un choix personnel qui dépend de vos propres priorités et de votre confort personnel avec la technologie. Il est important de peser les avantages et les inconvénients et de considérer comment l'IA peut s'intégrer dans votre vie de manière positive et bénéfique.

VII. L'IA et le travail

1. Applications de l'IA pour le travail

Si vous êtes un travailleur de l'ère moderne, vous savez que la technologie peut être un allié précieux pour améliorer votre productivité et vous aider à atteindre vos objectifs professionnels. L'IA n'est pas en reste dans ce domaine, et elle peut offrir une multitude d'avantages pour les travailleurs de toutes les sphères.

Tout d'abord, l'IA peut vous aider à automatiser certaines tâches fastidieuses et répétitives. En utilisant des algorithmes pour effectuer des tâches telles que la gestion de courrier électronique, la programmation de rendez-vous ou même la création de présentations, vous pouvez gagner du temps et vous concentrer sur des tâches plus importantes.

De plus, l'IA peut vous aider à obtenir des informations plus rapidement et plus précisément. Par exemple, en utilisant des outils de veille de l'information, vous pouvez suivre l'actualité de votre secteur d'activité en temps réel et recevoir des alertes sur les sujets les plus pertinents pour vous.

L'IA peut également vous aider à mieux comprendre vos clients et à améliorer vos interactions avec eux. Par exemple, en utilisant des chatbots pour répondre aux demandes de renseignements, vous pouvez offrir une assistance rapide et efficace à vos clients, 24 heures sur 24, 7 jours sur 7.

L'IA peut être utilisée pour améliorer la collaboration et la communication au sein de votre équipe. Par exemple, en utilisant des outils de travail en équipe en ligne, vous pouvez faciliter la coordination de projets et la communication entre les membres de votre équipe, même lorsqu'ils travaillent à distance.

En conclusion, l'IA peut être un atout majeur pour les travailleurs soucieux d'améliorer leur productivité et d'atteindre leurs objectifs professionnels. Il est donc important de comprendre les applications de l'IA pour le travail et de savoir comment en tirer le meilleur parti pour réussir dans un monde de plus en plus compétitif.

2. Comment utiliser l'IA pour améliorer votre productivité au travail

Si vous êtes à la recherche de moyens d'améliorer votre productivité au travail, l'IA peut vous offrir des solutions concrètes. Voici comment utiliser cette technologie pour vous aider à être plus efficace et à mieux gérer votre temps.

L'IA peut vous aider à automatiser certaines tâches répétitives. Par exemple, vous pouvez utiliser des outils de reconnaissance de voix pour dictée des e-mails ou des notes de réunion, ou utiliser des robots de service pour gérer des tâches administratives telles que la gestion des plannings et des rendez-vous.

L'IA peut également vous aider à mieux gérer votre temps en vous suggérant des priorités et en vous informant des tâches à venir. Par exemple, vous pouvez utiliser des outils d'agenda et de gestion du temps pour vous aider à organiser votre journée et à vous rappeler de certaines tâches importantes.

Enfin, l'IA peut également vous aider à travailler de manière plus collaborative avec vos collègues. Par exemple, vous pouvez utiliser des outils de collaboration en temps réel pour partager des idées et des documents, ou des plateformes de réseautage professionnel pour renforcer vos relations avec vos collègues et vos contacts professionnels.

En utilisant ces différents outils d'IA, vous pouvez améliorer votre productivité au travail, gagner du temps et travailler de manière plus efficace. Alors, pourquoi ne pas tenter l'expérience et intégrer l'IA dans votre quotidien professionnel dès aujourd'hui ?

3. Comment l'IA peut aider à résoudre les problèmes de travail

Passez du temps à travailler sur les problèmes plutôt que de les résoudre avec l'IA. Vous pourriez être surpris par les résultats.

L'IA est une arme puissante pour résoudre les problèmes de travail, mais il est important de ne pas la considérer comme une solution magique à tous les problèmes. En effet, le véritable pouvoir de l'IA réside dans sa capacité à nous aider à mieux comprendre les problèmes en premier lieu.

Prenez le temps de comprendre les problèmes de travail que vous rencontrez. Analysez les données et utilisez des algorithmes pour trouver des corrélations et des tendances. Une fois que vous avez une meilleure compréhension du problème, vous pouvez utiliser l'IA pour trouver des solutions plus efficaces et plus intelligentes.

Il existe de nombreuses façons d'utiliser l'IA pour résoudre les problèmes de travail. Par exemple, vous pouvez utiliser des chatbots pour aider à la gestion des tickets et des demandes, des algorithmes de recommandation pour améliorer les processus de travail, ou des systèmes de surveillance pour améliorer la qualité et la productivité.

L'IA peut également aider à identifier les problèmes avant qu'ils ne se produisent, en utilisant des algorithmes de prévision pour prédire les problèmes potentiels et fournir des informations pour les éviter.

4. Les avantages et les inconvénients de l'utilisation de l'IA pour le travail

Lorsqu'il s'agit d'IA et de travail, il est important de considérer les avantages et les inconvénients de son utilisation. D'un côté, l'IA peut aider à automatiser les tâches répétitives et fastidieuses, ce qui peut libérer du temps pour des tâches plus créatives et stratégiques. De plus, l'IA peut aider à découvrir des tendances et des patterns dans les données qui peuvent être utilisées pour améliorer les opérations de l'entreprise. Cependant, il est également important de considérer les risques liés à l'IA, tels que la suppression d'emplois et la préoccupation croissante quant à la protection de la vie privée.

Il est également important de souligner que l'IA n'est qu'un outil et que son utilisation dépend entièrement de l'utilisateur. L'IA peut aider à améliorer les opérations de l'entreprise, mais cela ne se fera pas automatiquement. Il est crucial de travailler en étroite collaboration avec les employés et les départements concernés pour identifier les opportunités d'amélioration et s'assurer que l'IA est utilisée de manière responsable et efficace.

En fin de compte, l'IA peut offrir de nombreux avantages pour le travail, mais il est important de considérer soigneusement les avantages et les inconvénients avant de décider de son utilisation. Il est également important de travailler en étroite collaboration avec les employés pour s'assurer que l'IA est utilisée de manière responsable et efficace.

VIII. Les limites et les risques de l'IA

1. Les limites de l'IA

S'il est vrai que l'IA peut apporter une aide précieuse pour résoudre de nombreux problèmes et améliorer considérablement notre productivité, il est important de reconnaître les limites de cette technologie.

Premièrement, l'IA n'a pas encore la capacité de raisonner comme un être humain. Elle n'a pas de sentiments, d'empathie ou de conscience, ce qui signifie qu'elle ne peut pas comprendre les nuances et les sous-entendus que les humains utilisent dans leur communication. Cela peut entraîner des erreurs de compréhension et de jugement.

Deuxièmement, l'IA est limitée par la qualité des données qui lui sont fournies. Si les données sont biaisées ou inexactes, l'IA en tirera des conclusions et des décisions erronées. Cela souligne l'importance d'une réglementation et d'une surveillance strictes pour garantir la qualité des données utilisées pour alimenter les systèmes d'IA.

Enfin, il est important de se rappeler que les décisions prises par l'IA ne sont que le reflet des algorithmes qui la contrôlent et des données qui la nourrissent. Les humains doivent être conscients de cela et prendre la responsabilité de vérifier les décisions de l'IA et de les corriger si nécessaire.

En conclusion, bien que l'IA offre de nombreuses opportunités pour améliorer notre vie et notre travail, il est important de comprendre ses limites et de s'assurer qu'elle est utilisée de manière responsable et éthique. Les risques potentiels de l'IA ne doivent pas être ignorés, mais plutôt gérés de manière proactive pour minimiser leur impact.

2. Les risques potentiels de l'IA

Dans ce monde en évolution rapide de l'IA, il est important de reconnaître les risques potentiels qui peuvent accompagner l'intégration de l'IA dans nos vies quotidiennes. L'IA peut être utilisée de manière abusive pour espionner les citoyens, ou pour manipuler leurs opinions et leurs décisions. De plus, la dépendance excessive à l'IA peut entraîner une perte de compétences humaines cruciales, telles que la résolution de problèmes et la prise de décisions critiques.

Il est également important de prendre en compte le fait que les algorithmes de l'IA sont souvent formés à partir de données historiques, ce qui peut entraîner une reproduction de biais et de discriminations existants dans notre société. Par conséquent, l'IA peut renforcer les inégalités plutôt que de les atténuer.

Il est donc crucial de prendre des mesures pour gérer les risques potentiels de l'IA. Cela peut inclure la transparence des algorithmes de l'IA, une responsabilité accrue des développeurs et des utilisateurs de l'IA, et la formation de compétences humaines pour faire face aux défis futurs. En fin de compte, l'IA peut offrir des opportunités incroyables pour améliorer nos vies, mais il est important de faire attention aux risques potentiels pour en tirer le meilleur parti.

3. Comment gérer les limites et les risques de l'IA

La gestion des limites et des risques de l'IA est cruciale pour une utilisation responsable et éthique de cette technologie. Pour minimiser les risques potentiels, il est important de suivre quelques étapes simples.

Tout d'abord, il est essentiel de comprendre les algorithmes utilisés et leurs limites. En comprenant les algorithmes, vous pouvez mieux comprendre les types de décisions qu'ils peuvent prendre et les limites de leur précision.

Ensuite, il est important de surveiller de près les données utilisées pour entraîner les algorithmes de l'IA. Les algorithmes de l'IA ne sont que aussi bons que les données qu'ils reçoivent, il est donc crucial de vérifier la qualité et la fiabilité des données.

Il est également important de mettre en place des mécanismes de contrôle pour surveiller les décisions prises par l'IA. Cela peut inclure la mise en place de systèmes de vérification manuels pour vérifier les décisions les plus importantes, ou la mise en place de systèmes de surveillance automatisés pour détecter les anomalies et les erreurs dans les décisions de l'IA.

Enfin, il est crucial de former les employés et les utilisateurs à utiliser de manière responsable l'IA, y compris les limites et les risques potentiels de cette technologie. Cela peut inclure la formation sur les algorithmes utilisés, les données utilisées pour entraîner les algorithmes, et les méthodes pour surveiller les décisions de l'IA.

4. Les responsabilités de l'utilisateur dans l'utilisation de l'IA

Les IA peuvent être incroyablement puissantes et utiles, mais leur utilisation nécessite également une certaine responsabilité de la part de l'utilisateur. En tant qu'être humain, vous avez la responsabilité de vous assurer que l'IA est utilisée de manière éthique et responsable. Cela signifie prendre en compte les limites et les risques potentiels de l'IA et de veiller à les gérer de manière appropriée.

L'une des principales responsabilités de l'utilisateur est de comprendre les algorithmes d'IA qui sont utilisés et comment ils fonctionnent. Cela inclut comprendre les sources de données qui alimentent l'IA et comment elles peuvent influencer les résultats. Si vous utilisez une IA pour prendre une décision importante, il est important de savoir comment cette décision a été prise et ce qui a influencé ses résultats.

Il est également important de veiller à ne pas utiliser l'IA de manière discriminatoire. Les algorithmes d'IA peuvent facilement amplifier les biais et les discriminations existants dans les données qu'ils utilisent. Il est donc important de veiller à ce que les données utilisées soient représentatives et équitables.

Enfin, il est important de comprendre les conséquences potentielles de l'utilisation de l'IA. Par exemple, si vous utilisez une IA pour recruter des candidats pour un emploi, vous devez comprendre comment cela peut affecter les différents groupes de personnes et ce que vous pouvez faire pour minimiser les risques de discrimination.

IX. L'avenir de l'IA

1. Les tendances futuristes de l'IA

Il est toujours fascinant de se projeter dans l'avenir et de se demander ce que nous réserve l'IA. Les tendances futuristes de l'IA sont nombreuses et variées, mais je vais vous en présenter quelques-unes qui sont, selon moi, les plus pertinentes pour les utilisateurs quotidiens.

Tout d'abord, l'IA deviendra de plus en plus capable de s'intégrer à notre vie quotidienne en étant présente dans des objets de tous les jours, tels que les télévisions, les smartphones, les montres intelligentes et les objets connectés. Elle sera capable de nous fournir des informations en temps réel et d'interagir avec nous d'une manière plus intuitive et plus naturelle.

Ensuite, l'IA permettra également de faire des découvertes scientifiques plus rapidement et de manière plus efficiente en utilisant des algorithmes de simulation, de reconnaissance de données et de reconnaissance de modèles pour explorer des quantités massives de données. Les avancées en matière de traitement du langage naturel et de reconnaissance de la voix permettront également de créer des chatbots plus avancés et plus utiles.

Enfin, l'IA jouera également un rôle de plus en plus important dans la vie professionnelle en améliorant la productivité, en optimisant les processus de travail et en aidant les employés à faire face à des tâches complexes. Les entreprises seront en mesure d'utiliser l'IA pour automatiser certaines tâches administratives et pour prendre des décisions plus éclairées en utilisant des données en temps réel.

Comme vous pouvez le constater, les tendances futuristes de l'IA sont passionnantes et prometteuses, et nous n'avons fait que gratter la surface de ce que l'IA pourra accomplir dans un avenir proche. En intégrant l'IA dans notre vie quotidienne, nous pouvons non seulement améliorer notre productivité et notre efficacité, mais également découvrir de nouvelles opportunités pour explorer, apprendre et grandir.

2. Comment l'IA évoluera dans le futur

Vous voulez savoir comment l'IA évoluera dans le futur ? Vous êtes au bon endroit. Nous sommes sur le point d'entrer dans une nouvelle ère, une ère où l'IA jouera un rôle encore plus important dans nos vies. Mais comment se déroulera cette évolution ? C'est ce que nous allons explorer ensemble dans ce chapitre.

D'abord, il est important de comprendre que l'IA est en constante évolution. Les algorithmes deviennent de plus en plus complexes et de plus en plus sophistiqués, ce qui signifie que les applications de l'IA seront plus utiles, plus performantes et plus accessibles à un public plus large.

De plus, nous nous attendons à ce que les interfaces homme-machine deviennent plus intuitives et plus naturelles, permettant à l'IA de devenir un compagnon encore plus précieux dans notre vie quotidienne. Les systèmes d'IA pourront également se connecter entre eux, permettant une coordination encore plus efficace.

Il y a également de grandes opportunités pour l'IA dans les secteurs de la santé, de l'éducation et de l'environnement. Les algorithmes de l'IA pourront aider à diagnostiquer des maladies plus rapidement et plus précisément, à enseigner de manière plus interactive et personnalisée, et à protéger notre planète en surveillant les changements environnementaux.

Enfin, nous nous attendons à ce que l'IA devienne plus autonome et capable de prendre des décisions plus complexes. Cependant, il est important de rappeler que les utilisateurs doivent rester responsables de l'utilisation de l'IA, en veillant à ce que les algorithmes respectent les valeurs morales et éthiques.

Voilà où se trouve l'avenir de l'IA. Une évolution qui promet d'être excitante et de nous aider à atteindre de nouveaux sommets. Prêt à vivre avec l'IA ? Allons-y !

3. Les possibilités futures de l'IA

Les possibilités futures de l'IA sont incroyables et passionnantes. Nous avons déjà vu comment elle peut améliorer notre vie de tous les jours en automatisant les tâches fastidieuses, en fournissant des informations précises en temps réel et en nous aidant à prendre des décisions plus éclairées. Mais qu'en sera-t-il à l'avenir ?

Si nous nous laissons emporter par notre imagination, nous pouvons nous imaginer vivre dans un monde où l'IA a résolu bon nombre de nos problèmes les plus complexes. Les maladies rares pourraient être diagnostiquées plus rapidement, les ressources mondiales seraient gérées de manière plus efficiente, et les déplacements seraient plus sûrs et plus rapides.

Il est important de se rappeler que les développements futurs de l'IA dépendent de notre capacité à résoudre les défis actuels. Cela signifie qu'il est crucial de continuer à investir dans la recherche et le développement pour que l'IA puisse atteindre son plein potentiel. Si nous travaillons ensemble pour établir les fondements solides nécessaires à son évolution future, nous pourrions vivre dans un monde où les possibilités de l'IA sont sans limites.

Enfin, il est important de continuer à surveiller les tendances émergentes de l'IA pour nous assurer que nous restons à la pointe des dernières innovations. Cela nous permettra de profiter au maximum de ses bénéfices et d'être préparé à tout défi qui se posera à nous. Alors accrochons-nous à nos sièges et préparons-nous à un futur incroyable avec l'IA !

4. Les défis à relever pour le développement futur de l'IA

Lorsqu'on parle d'IA, il est important de réaliser que le développement futur de cette technologie n'est pas exempt de défis. Pour tirer pleinement parti de ses avantages et minimiser ses risques, il est crucial de relever ces défis avec détermination et détermination.

L'un des premiers défis est de garantir la transparence de l'IA. Les algorithmes déterminant les décisions sont souvent complexes et difficiles à comprendre, ce qui peut les rendre difficiles à remettre en question. Les gens ont besoin de confiance en l'IA pour l'adopter, et pour y parvenir, il est nécessaire de garantir que l'IA est transparente et explicable.

Un autre défi important est de veiller à ce que l'IA soit éthique et respectueuse de la vie privée. L'IA est en train de devenir de plus en plus intrusive dans notre vie privée, il est donc crucial de développer des réglementations pour garantir que les données personnelles sont protégées.

Le développement de l'IA ne peut pas non plus ignorer les implications économiques. L'IA peut remplacer certains emplois, ce qui peut être dévastateur pour les travailleurs qui perdent leur travail. Il est donc important de développer des stratégies pour s'assurer que les travailleurs peuvent s'adapter aux nouvelles conditions du marché du travail.

Enfin, il est crucial de veiller à ce que l'IA soit accessible à tous. Le développement de l'IA doit être inclusif pour s'assurer que tout le monde peut en bénéficier, quelle que soit sa situation économique ou sociale.

Ces défis ne sont pas insurmontables, mais ils nécessitent une collaboration et une attention constantes de la part de tous les acteurs de l'industrie de l'IA. Ensemble, nous pouvons relever ces défis et profiter pleinement des avantages offerts par l'IA tout en minimisant ses risques. Il est temps de se lancer et de bâtir l'avenir que nous souhaitons pour l'IA.

X. Conclusion

1. Résumé des principaux points de l'ouvrage

Dans ce livre, nous avons exploré les multiples facettes de l'IA, depuis ses origines jusqu'à ses applications dans notre vie quotidienne. Nous avons découvert les différentes formes d'IA, leurs avantages et leurs défis, ainsi que les tendances futuristes de ce domaine en constante évolution.

Nous avons également examiné comment l'IA peut être intégrée de manière positive dans notre vie, en mettant en lumière les bénéfices qu'elle apporte dans divers domaines tels que la santé, l'éducation, la vie professionnelle et les relations humaines.

Nous avons aussi exploré les défis à relever pour assurer le développement futur de l'IA, en mettant l'accent sur l'importance de la responsabilité éthique, de la transparence et de la collaboration pour garantir un avenir meilleur pour tous.

En résumé, ce livre vise à offrir une vision complète et équilibrée de l'IA, pour aider les lecteurs à comprendre les implications de cette technologie sur leur vie et à en tirer le meilleur parti. Il s'agit d'un guide pratique pour vivre avec l'IA, en harmonie avec les valeurs humaines.

2. Les avantages et les inconvénients de l'utilisation de l'IA au quotidien

Dans ce chapitre final, nous allons jeter un coup d'œil aux avantages et aux inconvénients de l'utilisation de l'IA au quotidien. C'est une question complexe et controversée, mais je vais vous donner un aperçu des arguments clés pour vous aider à prendre votre propre décision quant à l'utilisation de l'IA dans votre vie.

Tout d'abord, les avantages sont évidents. L'IA peut nous aider à accomplir des tâches plus rapidement et plus efficacement, et peut également offrir de nouvelles opportunités pour les entreprises et les individus. De plus, l'IA peut également aider à résoudre certains des défis les plus importants de notre temps, tels que la santé et le bien-être, la sécurité alimentaire, et même la durabilité environnementale.

Cependant, il existe également des inconvénients importants à considérer. L'IA peut entraîner une perte d'emplois et une réduction de la qualité de vie pour certains travailleurs, et peut également conduire à des injustices en matière de décision automatisée. De plus, il y a également des préoccupations quant à la confidentialité et à la sécurité des données, ainsi qu'à la transparence et à la responsabilité de l'IA.

En fin de compte, la décision d'utiliser ou non l'IA dépend de vos propres valeurs et priorités personnelles. Je vous encourage donc à explorer les différents arguments de chaque côté et à prendre une décision éclairée quant à l'utilisation de l'IA dans votre vie quotidienne. Mais quoi qu'il en soit, le futur de l'IA est prometteur et passionnant, et je suis convaincu que nous pouvons utiliser cette technologie pour améliorer nos vies de manière significative, à condition de naviguer prudemment les défis qui se dressent sur notre chemin.

3. Les leçons à retenir de l'IA pour notre vie quotidienne

Dans ce chapitre, nous avons exploré les différentes facettes de l'IA et comment elle peut être intégrée à notre vie quotidienne. Nous avons vu comment l'IA peut simplifier notre vie en automatisant certaines tâches, en améliorant notre productivité et en rendant notre vie plus sûre et plus saine. Nous avons également examiné les défis auxquels l'IA est confrontée, tels que la protection de la vie privée et la sécurité des données, et comment les gouvernements et les entreprises peuvent travailler ensemble pour résoudre ces problèmes.

Maintenant, il est temps de tirer des leçons de tout cela. Qu'avons-nous appris sur l'IA et sur nous-mêmes ? Tout d'abord, nous avons compris que l'IA peut être un outil très puissant pour améliorer notre vie, mais que nous devons être conscients de ses limites et de ses potentiels dangers. Nous devons également être prêts à travailler avec l'IA pour trouver des solutions aux défis auxquels elle est confrontée.

De plus, nous avons compris que l'IA peut nous apprendre beaucoup sur nous-mêmes. Elle peut nous montrer comment nous pouvons mieux utiliser notre temps, comment nous pouvons être plus productifs et comment nous pouvons mieux prendre soin de notre santé. Enfin, l'IA peut nous aider à mieux comprendre les autres et le monde qui nous entoure, en nous montrant comment les autres voient les choses et en nous fournissant des informations précieuses sur les tendances et les comportements sociaux.

Vivre avec l'IA peut donc être une expérience enrichissante, mais cela exige de notre part une compréhension approfondie de ce qu'est l'IA et comment elle fonctionne. Nous devons également être conscients des avantages et des inconvénients de son utilisation au quotidien et être prêts à travailler avec l'IA pour trouver des solutions aux défis auxquels elle est confrontée. En fin de compte, l'IA peut nous aider à mieux comprendre le monde qui nous entoure et à améliorer notre vie quotidienne, mais cela dépend de notre capacité à utiliser cet outil de manière responsable et consciente.

4. Les perspectives pour l'avenir de l'IA dans notre vie quotidienne

Nous vivons dans un monde en constante évolution, où la technologie avance à grand pas. L'IA en est un exemple clair, avec des impacts profonds sur notre vie quotidienne. Mais, que peut-on attendre de l'avenir de l'IA ?

Il est indéniable que l'IA continuera de se développer et de s'intégrer davantage dans notre vie. Les algorithmes seront plus intelligents, les interactions plus fluides et les décisions plus précises. De plus, l'IA aura un impact sur de nombreux secteurs tels que la santé, l'éducation, la finance et bien plus encore.

Cependant, il est important de ne pas se laisser emporter par la hype de l'IA et de prendre en compte les défis qui se posent. La protection de la vie privée, la responsabilité éthique et la réglementation sont des enjeux clés qui doivent être résolus pour garantir un développement positif et responsable de l'IA.

En conclusion, l'avenir de l'IA est brillant, mais il est crucial de veiller à ce que son utilisation soit équilibrée et responsable. En intégrant consciemment l'IA dans notre vie quotidienne, nous pouvons tirer parti de ses avantages tout en minimisant ses inconvénients potentiels. C'est à nous de décider de la direction que prendra l'IA dans notre vie, mais une chose est sûre, nous devons être préparés à l'embrasser et à l'accompagner sur ce chemin incroyable.